V.

(Texte in 4° Vnp)

4883.

EMBARCATIONS

DES

NAVIRES DE GUERRE

ET

DU COMMERCE.

—◁※▷—

PAR M. AD. D'ÉTROYAT, CONSTRUCTEUR.

PARIS,

MALLET-BACHELIER, LIBRAIRE

DU BUREAU DES LONGITUDES, DE L'ÉCOLE IMPÉRIALE POLYTECHNIQUE,

QUAI DES AUGUSTINS, 55.

—

1856.

Navires de guerre.
1 et 2. Vide.
3 et 4. Canot major.
5 et 6. Chaloupe.
Échelle de 0,01 par mètre.

Navires de guerre.

1 et 2. Yole.

3 et 4. Canot.

5 et 6. Chaloupe.

Echelle de 0.m 03 pour 1 mètre.

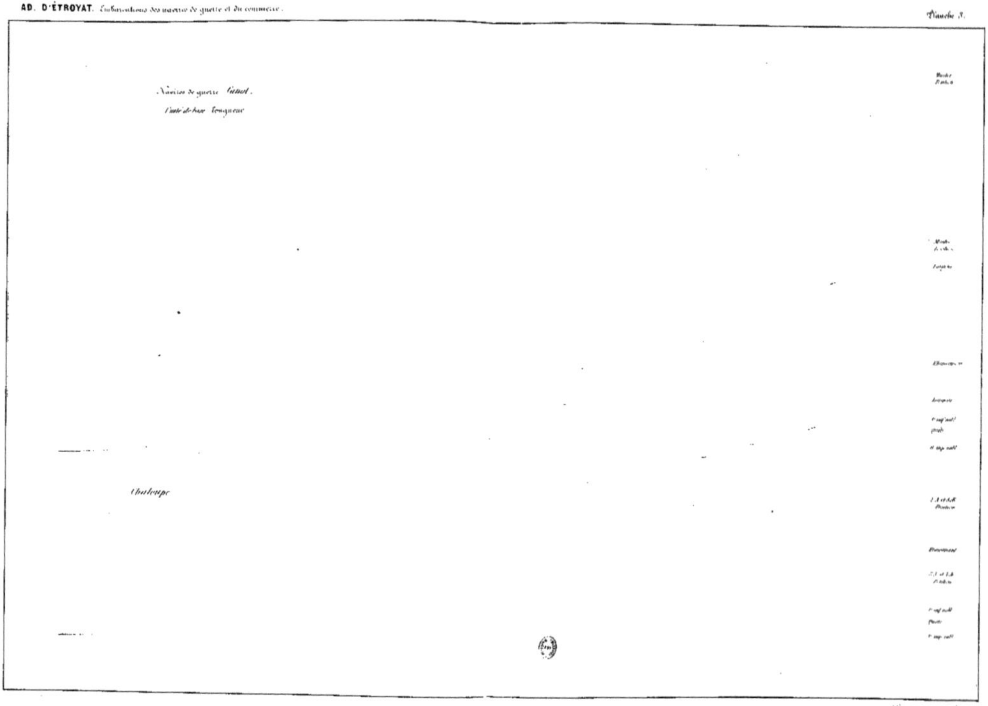
Navires de guerre Canot.
Chaloupe

Navire de guerre *Hélie*.
Pièce de haut. *longueur*

Navires du commerce *Type ordinaire*

Navires de guerre. Chaloupe.
Arrière — Coupe de base, Largeur — Avant
Ordonnance supérieure
Arrière — Coupe de base. Creux — Avant
1re Section longitudinale
Beau — Beau
Préceinte supérieure
Tableau
Beau — Beau
1re Section transversale
Plat-bord
Tableau
Beau — Beau
Fond de l'étrave
Tableau
Plat-bord
Beau — Beau
Beau — Beau

AD. D'ÉTROYAT. *Embarcations des navires de guerre et du commerce.*

Arrière — Unité de base Pieux — Avant

Unité de base Longueur — Arrière — Avant

Navires de guerre. Canot

2.ᵉ Section longitudinale

Ordonnée inférieure

1.ʳᵉ Section longitudinale

ordonnée supérieure

Plafond

Arrière
Vue de bout Creux
Avant
Navire de guerre Vole
1ʳᵉ Section longitudinale
Arrière
Vue de bout Largeur
Avant
Ordonnée inférieure
Bordure
1ʳᵉ Section longitudinale
Ordonnée supérieure
Bord de Bordure
Flottaison
Plathord
Plathord
Bordure
Liste
Flottaison
Acculure

Service du commerce.
Canot 3.
Petit manteau
Chaloupe.
Echelle de 1 centimètre.

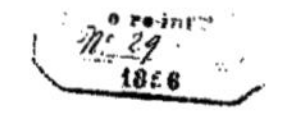

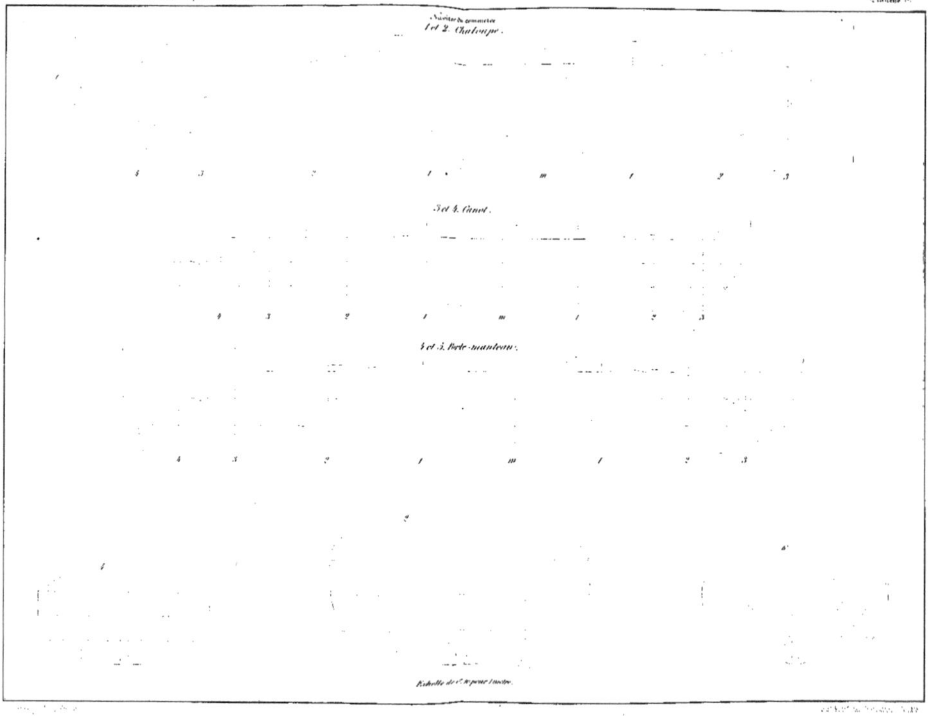

Navires de commerce
1 et 2. Chaloupe.
3 et 4. Canot.
4 et 5. Porte-manteau.
Échelle de 0,01 pour 1 mètre.

Marine du commerce français.

Chaloupe.

Navire du commerce. Canot.
Arrière
Unité de basse largeur.
Avant
Ordonnance supérieure
Ordonnance supérieure.
Arrière
Unité de basse. Creux.
Avant
Section longitudinale.
Plat-bord
Plat-bord

Navires du commerce Chaloupe
Arrière
l'axe de base
Amont
Ordonnance inférieure
Ordonnance supérieure
Arrière l'axe de base Coupe Amont
Section longitudinale
Plat-bord
Plateau

Navires du commerce. Porte-manteau.
Arrière — Crête de base. Largeur. — Avant
Ordonnée inférieure.
Arrière — Crête de base. Creux. — Avant
Section horizontale
Ordonnée supérieure
Plathord
Pied de l'étrave — Plathord

Navires de guerre.
1 et 2. Yougou.
3 et 4. Canot.
5 et 6. Grand canot.
0,03 m. pour mètre.
0,04 m. pour mètre.
0,05 m. pour mètre.

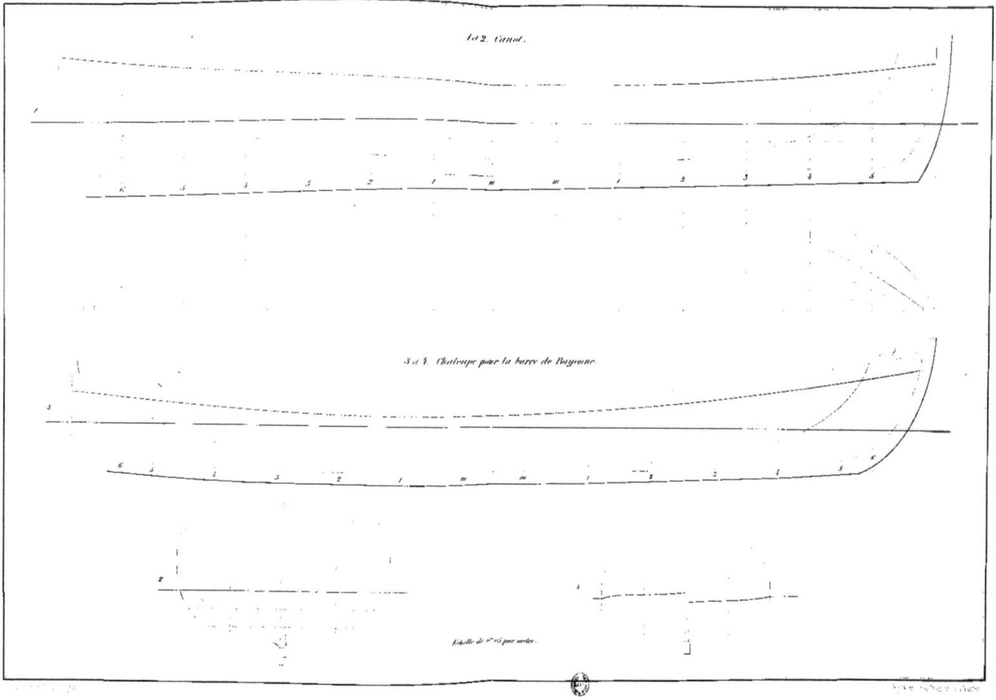

1 et 2. Canot.

3 et 4. Chaloupe pour la barre de Bayonne.

Echelle de 1m c/5 par mètre.

www.ingramcontent.com/pod-product-compliance
Ingram Content Group UK Ltd.
Pitfield, Milton Keynes, MK11 3LW, UK
UKHW022215070726
13613UKWH00004B/1672